Never Give

My Journal

My Journal

Never Give Up
Inspirational Quote Wild Horses Design Notebook/Journal
with 110 Lined Pages (8.5 x 11)
Copyright 2017 Don Cummings, My Journal
All Rights Reserved
First Edition
ISBN-13: 978-1543130058
ISBN-10: 1543130054

My Journal

Never Give Up

My Journal

Never Give Up

My Journal

My Journal

My Journal

Never Give Up

My Journal

My Journal

Never Give Up

My Journal

My Journal

Never Give Up

My Journal

Never Give Up

My Journal

Never Give Up

My Journal

My Journal

My Journal

My Journal

My Journal

My Journal

Never Give Up

My Journal

Never Give Up

My Journal

Never Give Up

My Journal

Never Give Up

My Journal

My Journal

Never Give Up

My Journal

Never Give Up

My Journal

Never Give Up

My Journal

Never Give Up

My Journal

My Journal

Never Give Up

My Journal

My Journal

Never Give Up

My Journal

Never Give Up

My Journal

Never Give Up

My Journal

Never Give Up

My Journal

Never Give Up

My Journal

Never Give Up

My Journal

Never Give Up

My Journal

My Journal

My Journal

Never Give Up

My Journal

Never Give Up

My Journal

Never Give Up

My Journal

Never Give Up

My Journal

Never Give Up

My Journal

Never Give Up

My Journal

Never Give Up

My Journal

Never Give Up

Never Give Up

My Journal

Never Give Up

My Journal

My Journal

Never Give Up

My Journal

My Journal

_____

_____

_____

_____

_____

_____

_____

_____

_____

_____

_____

_____

_____

_____

_____

_____

_____

_____

_____

_____

_____

_____

_____

_____

_____

My Journal

My Journal

Never Give Up

My Journal

Never Give Up

My Journal

My Journal

Made in the USA
Monee, IL
15 July 2022

99796649R00063